Copyright 2012 por Dr.Victor Arroyo
Todos los derechos reservados.

Se prohíbe la reproducción total o parcial, por cualquier medio electrónico o mecánico, incluyendo fotocopias y cualquier sistema de almacenamiento de información, sin autorización escrita del editor.

ISBN: 978-0-9825943-4-6

Autor y editor: Dr. Victor Arroyo
Marzo 2012
E-Mail: victorarroyoarroyo@gmail.com
www.demedicoamaestro.com

Diseño de la portada: Mason Balouchian
Impreso por Ad Graphics
www.adgraphicstudio.com
Winter Springs, Florida 32708

de Corazón a Corazón

De la inteligencia a la Luz

Verdades Espirituales

Dr. Victor Arroyo

Índice:

Introducción:

de Corazón a Corazón es un libro que enseña a reconocer la guía interna, estudiando y conociendo la inteligencia de nuestro corazón. Vas a aprender que aunque la guía interna se anuncie por medio de la razón, ella funciona a través del corazón.

El tema ha sido fruto de los estudios por los que pasó el autor antes y después de convertirse en maestro de Verdades Espirituales.

El libro contiene siete capítulos: Comienza con la lección *Eso creen que soy*, continúa con *Lo que Yo soy*. Luego, *Conexión inteligencia divina del corazón*, *ideas divinas y conciencia.* Finaliza con *La energía y luz*.

Siete nuevos estudiantes se integran a las lecciones. Han sido invitados por el grupo de estudiantes de las clases **de Médico a Maestro.** Ellos son: **Pedro, Andrés, Santiago, Juan, Felipe, Bartolomé, Tomás, Mateo, Santiago, Simón, Tadeo, Judas y Matías.**

Los nuevos estudiantes representan a los siete diáconos de la iglesia primitiva. Sus nombres son **Esteban, Felipe, Nicanor, Nicolás, Parmenas, Prócoro y Timón.** (Hechos. 6:5)

Sobre el autor:

El Dr. Victor Arroyo es licenciado en farmacia, doctor en medicina, posee una especialidad en medicina interna con subespecialidad en cardiología. Fue fundador, director y dueño del primer laboratorio vascular y cardiovascular clínico, a nivel privado, en la ciudad donde practicó la subespecialidad de cardiología por veintiséis años.

Es miembro del Colegio de Médicos y Cirujanos de Puerto Rico, de la Sociedad Puertorriqueña de Cardiología y de la "Pan-American Medical Association of Central Florida", USA.

Estudió y se graduó como maestro de Verdades Espirituales en "Unity Institute of Christianity", Missouri, USA. Posee una especialidad en educación de adultos. Actualmente dedica su tiempo a escribir y enseñar. Es el autor del libro sobre enseñanzas y verdades espirituales: ***de Médico a Maestro.***

Agradecimiento:

A Annie, mi esposa y compañera espiritual.
Gracias por la dedicación de amor en la revisión y corrección del libro.

A Anami, nuestra hija, por su apoyo y ayuda durante el desarrollo del libro.

Capítulo Primero:

♥ Eso creen que soy ♥

En está primera lección se integra al grupo un estudiante de nombre **Esteban**. El estaba interesado en conocer por qué se había destacado de manera prominente en el ministerio cristiano, el diácono que llevaba su nombre. Tuve la oportunidad de explicarle que el diácono Esteban hablaba griego con fluidez y se reunía frecuentemente en las sinagogas de Jerusalén con los judíos de la dispersión. Estos eran judíos que habían regresado a Jerusalén de regiones localizadas en diversos puntos del mundo greco-romano, los cuales construyeron esas sinagogas. Esteban era un joven predicador elocuente, lleno de gracia y poder. Se le consideraba un hombre muy sabio hasta el extremo de asumir su propia defensa cuando fue capturado. En el discurso de su defensa, delineó el curso de la historia del pueblo hebreo, para probar que la revelación de Dios nunca había sido limitada al templo, declarando: "El Altísimo no habita en templos hechos de mano."

Fue apedreado y antes de morir, este *primer mártir cristiano,* oró diciendo en palabras semejantes a su Maestro: "*Señor no les tomes en cuenta este pecado.*" (Hechos.7:48-60)

Esteban, el estudiante, al conocer la historia del diácono mártir, entendió cómo el corazón de Esteban lo guió a mantenerse en la Presencia Dios. Le reveló que el Altísimo está en cada uno de nosotros y el templo somos nosotros. También entendió que el Maestro Jesús había venido a romper esa barrera que existía, de poner a Dios fuera de nosotros.

Así sucede con la inteligencia. Nos han programado a creer en la inteligencia racional, o sea, que ser inteligente es saber elegir la mejor opción de acuerdo a nuestros conocimientos, para resolver una situación. Creer de esta manera nos lleva a pensar que lo más importante es saber razonar. De hecho, definimos inteligencia como: *La capacidad de relacionar conocimientos que poseemos, para resolver determinada situación.*

de Corazón a Corazón nos conduce *a una manera nueva de pensar más espiritual.* A poner primero lo divino en nosotros antes de tomar o elegir una opción. A seguir los anhelos de nuestro corazón, que son los deseos de Dios a través de nosotros. A seguir la corazonada en todos nuestros asuntos y situaciones. Vivir de corazón nos lleva siempre a ser exitosos, a triunfar al igual que Jesús, al entrar triunfante a Jerusalén.

Te invito a que abras tu mente y tu corazón a las enseñanzas de: "***de Corazón a Corazón.***"

Como maestro espiritual mi propósito es enseñarte a distinguir, en el sendero que vamos a recorrer, "*de la Inteligencia a la Luz*", entre quién eres, lo que creen que tu eres y quién no eres.

En esta lección vamos a estudiar la inteligencia como tradicionalmente se nos ha enseñado, para luego pasar en las próximas lecciones, a reconocer la inteligencia que viene del corazón.

Inteligencia:

En primer lugar existen muchas controversias en las definiciones de inteligencia. Así es que en el 1960 se sugirió una clasificación de las principales definiciones. Se hizo la clasificación en base a tres grupos:

> Las psicológicas: mostrando la inteligencia como la capacidad cognitiva, de aprendizaje y relación.
>
> Las biológicas: consideran la capacidad de adaptación a nuevas situaciones.

Las operativas: aquellas que dan definición circular diciendo que la inteligencia es "aquello que miden las pruebas de inteligencia."

Además en el 1983 surgió la teoría de las inteligencias múltiples y se propusieron varios tipos de inteligencias:

Inteligencia lingüística: capacidad de usar las palabras de manera adecuada. Aquí están los poetas, escritores, etc. Se utilizan ambos hemisferios cerebrales.
(Ver en el libro ***de Médico a Maestro*** la página 295).

Inteligencia lógica-matemática: capacidad que permite resolver problemas de lógica y matemática. Aquí están los científicos y filósofos. Se utiliza el hemisferio cerebral lógico.

Inteligencia musical: capacidad relacionada con las artes musicales. Aquí se encuentran los cantantes, músicos y bailarines.

Inteligencia espacial: capacidad de distinguir aspectos como el color, la línea, la forma, figura, espacio y sus relaciones en tres dimensiones.
Aquí encontramos a los ingenieros, arquitectos, diseñadores, escultores….

Inteligencia corporal-cinestésica: capacidad de controlar y coordinar los movimientos del cuerpo y expresar sentimientos con él.
Aquí encontramos a los actores, deportistas, cirujanos, etc.

Inteligencia intrapersonal: está relacionada con las emociones y con las ciencias psicológicas.
Permite entenderse a sí mismo.

Inteligencia interpersonal o social: capacidad para entender a las demás personas con empatía. Está relacionada con las emociones.
Aquí se encuentran los vendedores, los políticos, los terapeutas, etc.

Inteligencia naturista: capacidad relacionada a observar y estudiar la naturaleza para organizar y clasificar. Aquí se encuentran los biólogos y naturalistas.

Inteligencia existencial: capacidad para situarse a sí mismo con respecto al cosmos.

Más adelante, en el 1985, apareció la teoría triárquica de la inteligencia, donde se establecen tres categorías para describirla.

Las tres categorías son:

Inteligencia analítica: habilidad para adquirir y almacenar información.

Inteligencia creativa: habilidad fundada en la experiencia para seleccionar, codificar, combinar y comparar información.

Inteligencia práctica: relacionada con la conducta adaptativa al mundo real.

Lo más reciente (1995) ha sido el concepto **Inteligencia Emocional.**

Daniel Goleman fue el psicólogo que publicó el libro Inteligencia Emocional.

La inteligencia emocional es la capacidad para reconocer sentimientos propios y ajenos y la habilidad para manejarlos.

La inteligencia emocional puede organizarse en cinco capacidades:

Conocer las emociones y sentimientos propios.
Manejarlos.
Reconocerlos.
Crear la propia motivación.
Manejar las relaciones.

La disciplina que se encarga de las mediciones psicológicas es la psicometría. Esta utiliza pruebas para estimar el cociente de inteligencia (IQ).

Desde niños se nos comienza a programar ensalzando lo inteligente que somos y lo que se espera de nosotros en nuestro desarrollo académico y profesional. **Todo esto ocurre por lo que se cree que somos.**

Las personas que hacen la labor de evaluarnos han sido entrenadas para utilizar exámenes diseñados con esos propósitos. Es de ahí que ha sido utilizado extensamente el examen para determinar nuestro cociente de inteligencia e inclusive, la inteligencia emocional.

Lo que hasta el presente no han podido diseñar es cómo evaluar la inteligencia de nuestro corazón.

El propósito de este libro es reconocer la Inteligencia Universal a través de conocer la conexión **corazón-inteligencia-guía divina**.

En estas lecciones, cuando se menciona a la Inteligencia Universal, nos estamos refiriendo a Dios.

Aunque Dios no es una persona, Dios es personal para nosotros cuando lo reconocemos como amor, vida e *inteligencia.*

Para Jesús, "**Dios es espíritu.**" Juan 4:24
Para Juan, "**Dios es amor.**" 1Juan 4:8

Nosotros definimos a Dios dándole atributos: Dios es Verdad, es el Bien Absoluto, es Principio, es Presencia, es Poder, es Mente, es Perfecto, es infinito, es Sustancia, es el Ser Supremo, es la Fuente, es energía, es luz...........

En la vida de nosotros, Dios es esas cualidades que lo reflejan. Dios es orden, armonía, perfección, fe, valor, amor, inteligencia......

Utilizamos la palabra SER, con mayúscula, como sinónimo para la palabra Dios.

Usamos las ideas divinas, como amor, sabiduría, fortaleza y vida para describir a Dios.

Nos referimos a Dios como Omnipresencia, omnisciencia y omnipotencia.

de Corazón a Corazón, nos revela que la Inteligencia Universal reside en nuestro corazón. Si queremos realmente utilizar correctamente nuestras capacidades, es importante saber que existen maneras para conectarnos con la Inteligencia Universal, las cuales nos conducen a vivir una vida plena y abundante.

de Corazón a Corazón nos guía a realizar en todo nuestro ser, lo que somos y no lo que creen que somos. Una vez hemos llevado a cabo el proceso de realización, vamos a producir, generar, expandir y brillar lo que somos, seres de **Luz.**

No podemos permitirnos el desconocimiento de estas enseñanzas, pues sabemos que muchos estudiantes que han sido sobresalientes en las universidades, han fracasado en su diario vivir.

Por el contrario, estudiantes que por alguna razón no concluyeron sus estudios, han sido exitosos en todos los órdenes de sus vidas.

Cuando estudiamos la vida de todas las personas que han vivido de acuerdo a su propósito, dándose permiso de fluir en la conexión inteligencia-guía divina, vemos sus logros y frutos.

"*Por sus frutos los conoceréis.*" Mateo 7:16

En las últimas décadas hemos dirigido y enfocado nuestro pensar dándole el poder al razonamiento. Hemos echado a un lado los anhelos y los deseos de nuestro corazón.

Preferimos seguir el razonamiento en lugar de seguir la "*corazonada*", lo que viene del corazón.

Si hay algo que trasciende la inteligencia racional, ese algo es *la Inteligencia del Corazón*.

En el libro de Job 11:13, 15, 17-18 se nos dice: "*Si nosotros disponemos nuestro corazón y extendemos hacia Dios nuestras manos, entonces levantaremos nuestros rostros limpios de manchas, seremos fuertes y nada temeremos*". Así que es disposición de corazón y no de cerebro o razonamiento.

Cuando seguimos la guía a través de la Inteligencia del Corazón, toda la energía la dirigimos a nuestro propósito y misión. Nunca permitimos que la energía se disperse.

Se que vas a estar de acuerdo en que no somos lo que creen que somos. Somos más que el cuerpo físico y más que la personalidad. Somos seres espirituales viviendo una experiencia de vida humana.

Con la inteligencia racional relacionamos conocimientos que poseemos, para resolver una determinada situación. **Con la conexión inteligencia del corazón-cerebro, resolvemos las situaciones** *tomando la decisión que es la MEJOR de acuerdo a nuestra conciencia.* Es mucho más que relacionar conocimientos, es relacionar anhelos, deseos, ideas divinas, conceptos, afirmaciones de Verdad y enseñanzas espirituales.

Creer y pensar que somos lo que representamos es una manera de pensar muy limitada, pero es muy común. La verdad es que somos lo que pensamos y no lo que representamos. Una gran mayoría se aferra a un modo de pensar muy limitado porque piensan que lo que ven de si mismos es lo real.

Esta manera de pensar contribuye a estancamiento, poco progreso, escasez y sufrimiento

No han aceptado lo que somos debido a la conciencia de la raza o conciencia colectiva, que ha mantenido a la humanidad pensando en lo que creen que somos, que es contrario a lo que somos.

La luz de la Verdad disipa lo que creen que soy y alumbra lo que Yo Soy.

El próximo capítulo nos enseña que uno no atrae lo que quiere, sino que atrae lo que somos. Si somos pacificadores, atraemos paz, si somos armoniosos atraemos armonía, si somos amorosos atraemos amor……………..

Capítulo Segundo:

♥ Lo que Yo Soy ♥

Hasta ahora sabemos lo que creemos que somos, o lo que creen que somos. Todo lo que vemos externamente es lo que conocemos como la personalidad.

Felipe es el nuevo estudiante que asiste a la lección de hoy, invitado por Esteban, quien le informó sobre el grupo de estudiantes y de la enseñanza del libro: ***de Corazón a Corazón***. Felipe lleva el mismo nombre de uno de los siete diáconos que se distinguió al comienzo de los primeros años del cristianismo. Se le explicó que a Felipe se le llama Felipe el Evangelista para distinguirlo de Felipe el apóstol.

El grupo de estudio está creciendo y es interesante conocer que ya tenemos en el grupo a dos Felipe, uno que lleva el nombre del apóstol y el otro, el nombre del diácono. Tenemos además, dos Santiago, el hijo del Zebedeo y el hijo del Alfeo.

Para saber lo que nosotros verdaderamente somos, debemos aprender a reconocer lo que no somos. Esto ha creado tanta confusión que nos atrasa en nuestro crecer en comprensión espiritual.

Nosotros no somos el cuerpo, lo físico, lo pasajero, lo que no es eterno. Es por eso que no somos la personalidad.

Personalidad es:

> Se aplica a nuestra parte humana, la persona, lo externo. Es lo que conocemos en el plano espiritual, como lo relativo.
>
> Es esa parte en nosotros que puede ser cambiada.

Pertenece a la región gobernada por el intelecto.

La personalidad puede ser agradable o desagradable a otros.

Cultivamos la personalidad al escuchar voces exteriores y al dejar que nos gobiernen las motivaciones egoístas, en lugar de lo más elevado y sublime.

Nosotros verdaderamente somos seres eternos y vivimos en la eternidad de la Luz. Lo eterno es lo real. Es lo que conocemos como la **Individualidad.**

Individualidad es:

El término utilizado para indicar al hombre verdadero, al hombre real.

Es el ser divino en nosotros.

Es esa parte de nosotros que nunca cambia de identidad.

A medida que la individualidad, o sea lo divino en nosotros, crezca, la personalidad, lo humano en nosotros, debe menguar. Juan 3:30

El silbo apacible y delicado es la "quieta, pequeña voz" 1 Reyes 19:12) en lo más profundo del alma. La individualidad se cultiva siguiendo los dictados de esa voz en lo profundo de nuestro CORAZÓN y al seguirla con determinación, aunque nos haga diferentes a otros, como seguramente lo hará, es que lo logramos.

Mientras Dios se hace más visible en una persona, más individualizada llega a ser.

La individualidad es la parte eterna de nosotros, la que no es pasajera, la que permanece. Jesús lo sabía y lo decía:

"Yo no soy de este mundo, vengo a ustedes y voy al Padre." Juan 16:28

Esto significa el ir y venir de nuestra alma, que está todo el tiempo en lo humano, pero apropiándose de lo divino hasta llegarse a espiritualizar por completo, al conectarse con la Inteligencia Universal.

El Yo soy es eterno. Yo soy, siempre fui y siempre seré.

Venimos a esta existencia de vida a espiritualizar nuestra alma, o sea, a cultivar la individualidad.

Vamos a adquirir una conciencia de lo que se ve y una apertura a lo que no se ve. Lo invisible se nos hará visible sin ningún esfuerzo.

Lo que verdaderamente somos lo vamos a expresar en todas nuestras acciones. Las ideas más elevadas impregnan la totalidad de nuestra conciencia cuando pensamos, sentimos y actuamos desde la individualidad. Lo que indica lo que verdaderamente somos, es lo que hacemos y no lo que decimos.

La personalidad pertenece a lo humano y la individualidad, a la Inteligencia Universal.

La Inteligencia Universal siempre trasciende la inteligencia racional, así como la ley espiritual siempre trasciende la ley material.

Actúo desde lo más elevado dentro de mí, pues le soy necesario a Dios en Su esfuerzo de hacerse manifiesto a través de mí.

Capítulo tercero:

♥ Corazón sabio y entendido ♥

Esteban y Felipe invitan a la lección a los cinco restantes estudiantes, que llevan los nombres de los diáconos de los primeros cristianos. Sus nombres son: **Nicanor, Nicolás, Parmenas, Prócoro y Timón**. Hechos 6:5

Sabemos que el número *siete* significa plenitud y el tiempo en que se ha completado una acción. En esta lección se ha completado el grupo de estudiantes que representan a los *siete* diáconos.

La palabra corazón está compuesta por *siete* letras, lo cual nos conduce a la acción que emprendimos y vamos a completar al final de estas siete lecciones. El siete significa tiempo de cumplimiento en el plano espiritual.

En la primera lección del libro ***de Médico a Maestro***, "**La pesca milagrosa**", Lucas 5:1-11, vemos a Jesús en su primera enseñanza con los primeros cuatro discípulos, dirigiéndolos tanto a ellos como a nosotros, a bogar mar adentro, a nuestro interior, al **corazón**. Los peces representan las ideas divinas y las redes representan nuestra conciencia.

En este momento, Jesús sienta las bases de hacia donde dirige sus enseñanzas, pues sabía que la Inteligencia Universal nos dirige desde nuestro interior, desde el **Corazón.**

Jesús en su última aparición después de la resurrección escogió a *siete* de sus discípulos para enseñarles dónde debían dirigir sus redes, su **corazón**, su conciencia, para poder recibir las ideas divinas y lograr crecimiento en comprensión espiritual. Juan 21:6 nos hace el relato de Jesús cuando se le aparece a siete de sus discípulos.

Jesús les enseñó a estos siete discípulos que la dirección donde debían dirigir su conciencia, su corazón, era hacia el lado derecho. *El lado derecho es el correcto, el lado positivo, donde la abundancia de Bien es ilimitada, es el lado invisible de lo Absoluto.* En ese lado correcto la Fuente es inagotable. Los peces siempre habían estado presentes. Los discípulos no habían pescado porque su mente/conciencia y corazón no la habían dirigido al lado correcto.

Cuando repasamos la historia vemos el papel que ha desempeñado el corazón en todos los órdenes. Es sorprendente la gran cantidad de escritos que existe en la literatura sobre temas del corazón. Los poetas han sido inspirados por este órgano, al igual que los pintores y filósofos.

Las religiones y muchas culturas consideraban el corazón como el centro de sus vidas.

Los egipcios, los griegos y otros pueblos consideraban el corazón como un órgano capaz de influenciar y dirigir nuestras emociones, la moralidad y nuestra habilidad de tomar decisiones.

La cultura china ha tenido una influencia muy grande en la medicina occidental, a través de su medicina tradicional.

Los chinos consideraban el corazón como el asiento de la conexión entre la mente y el cuerpo. Describían al corazón formando un puente entre la mente y el cuerpo. Decían que el corazón era la casa de la mente y del espíritu.

Si somos objetivos debemos reconocer que estas culturas estaban adelantadas y el conocimiento en esa época podemos considerarlo de avanzada. Si esas culturas compartían ese conocimiento del corazón, podemos pensar que no estaban muy lejos de la verdad.

Actualmente, en la medicina moderna existe no solamente una especialidad sobre el corazón, la cardiología, sino que esta especialidad se ha subdividido en varias subespecialidades.

Los adelantos en la investigación cardiovascular han sido sorprendentes y maravillosos.

Han surgido subespecialidades para descubrir el infinito tesoro que se encuentra en nuestro corazón. Algunas de estas subespecialidades son la cardiología invasiva, la intervensionista, la electrofisiológica, la nuclear, la cardiología no invasiva, la neuro cardiología, etc.

Cuando estudiamos la anatomía del corazón encontramos que inclusive los anatomistas le dieron nombres a algunas de sus estructuras, asociándolas con la tradición religiosa.

A la válvula que se encuentra entre el atrio (aurícula) izquierdo y el ventrículo izquierdo le dieron el nombre de válvula mitral. La palabra *mitral viene de mitra*, que es el gorro alto que usan los obispos y que tiene forma de dos hojas, igualmente la válvula mitral tiene dos hojas, la hoja anterior y la posterior.

Atrio significa la entrada al templo y en el corazón se usa para denominar la entrada de la sangre a los dos ventrículos, pasando primeramente por sus respectivos atrios, el atrio izquierdo y el atrio derecho del corazón.

Asociamos nuestro corazón con lo mejor de nosotros; amor, bondad, paz, belleza, armonía, comprensión, gratitud…….

A través de nuestro corazón expresamos todas las ideas divinas (libro **de Médico a Maestro,** tercera lección).

El corazón es el órgano de nuestra espiritualidad.

En nuestro diario vivir hacemos referencia al corazón al expresarnos. Son muchas las veces que decimos:

"Te amo de todo corazón."

"Tienes un corazón bondadoso."

"La paz está en tu corazón."

"Te lo agradezco de todo corazón."

"Mi corazón late de alegría."

"Me lo dice el corazón."

Lo interesante es que cuando vamos a la Biblia, tanto el Antiguo como el Nuevo Testamento, nos brindan muchísima información que corrobora la importancia del **Corazón**. Nos ofrece información de sus atributos, su poder, su capacidad y sus virtudes, que lo llevan a denominarlo, el centro del AMOR.

Podemos encontrar referencias del corazón en todos los libros de la Biblia. La forma tradicional de buscar dichas referencias es a través de las concordancias. Estas son un índice alfabético de las palabras citadas en la Biblia, con indicación de los libros en que se pueden encontrar Si revisamos las concordancias vamos a ver que las referentes al **corazón** son las más que aparecen.

En el Antiguo Testamento hay un relato de una conversación entre Salomón y Dios que fue mi fuente de inspiración para escribir este libro. Se encuentra en: 1Reyes 3:9, 11-12.

> *"Da, pues a tu siervo, CORAZÓN ENTENDIDO para juzgar a tu pueblo y para discernir entre lo bueno y lo malo" y le dijo Dios: "Porque has demandado esto y no pediste para ti muchos días, sino que*

demandaste para ti ***INTELIGENCIA*** *para oír juicio, he aquí lo he hecho, conforme a tus palabras, he aquí que te he dado un CORAZÓN SABIO y ENTENDIDO."*

Hemos notado a través de la conversación, que Salomón le pide a Dios un corazón sabio y entendido y Dios le dice que lo que le está pidiendo es **INTELIGENCIA**, pero como Salomón no estaba en esa conciencia de entender a lo que se refería Dios con inteligencia, Dios le dice que conforme a lo que ha pedido, le dará un **Corazón** entendido. Así es que la palabra clave es INTELIGENCIA. Es la primera vez que en la Biblia se menciona la palabra *inteligencia.*

Después de esta conversación Salomón lleva a cabo una de las decisiones más sabias, que la humanidad toma de ejemplo. Se conoce como la "**decisión salomónica**", en la cual decide quién entre dos madres es la verdadera madre de un niño. En esa decisión lo que intervino fue un *corazón sabio y entendido.* 1Reyes 3:16-27

En el pedido de Salomón, el incluyó discernimiento. La facultad de discernimiento **no** viene de la inteligencia racional. *El discernimiento es el conocimiento intuitivo de aquello que nos revela la Inteligencia Universal, está en nosotros y se nos da por ser seres espirituales y de luz.*

Tomar la mejor decisión de acuerdo a nuestra conciencia, viene únicamente del corazón.

La inteligencia es Dios. Todo es inteligencia porque Dios es todo y está en todo. Esa inteligencia llena y renueva nuestra mente siempre.

La inteligencia Dios nunca está separada de nosotros porque somos el templo del Dios viviente. En El vivimos, nos movemos y tenemos nuestro ser.

Esta conversación nos lleva a pensar que en el corazón hay una inteligencia, que opera independientemente del cerebro, pero sí en comunicación con él.

Son numerosas las citas bíblicas sobre el corazón que nos guían a reflexionar sobre el por qué ha sido escogido el corazón como el centro del amor y la espiritualidad.

1--"Haz todo lo que está en tu **corazón.**"

2Samuel 7:3

2-"Aplicad vuestro **corazón** a todas las palabras."

Deuteronomio 32:46

3-"Ana hablaba en su **corazón** y solamente se movían sus labios." 1Samuel 1:13

4-"El **corazón** del hombre piensa su camino."

Proverbio 16:9

5-"Las leyes de Dios están escritas en nuestro **corazón.**" Hebreos 8:10

6-"Mi boca hablará sabiduría y el pensamiento de mi **corazón,** inteligencia." Salmo 49:3

7-"El **corazón** del hombre piensa su camino." Proverbio 16:9

8-"Está atento a mis palabras. Inclina tu oído a mis razones. No se aparten de tus ojos. Guárdalas en medio de tu **corazón**. Porque son vida a los que las hayan y medicina a todo su cuerpo." Proverbio 4:20-21

9-"Dios conoce nuestros **corazones**." Lucas 16:15

10-"Daré mi ley en su mente y la escribiré en su **corazón.**" Jeremías 31:33

11-"Cada uno dé como propuso en su **corazón**, no con tristeza ni por obligación, porque Dios ama al dador alegre." 2 Corintios 9:7

12-"La palabra discierne los pensamientos y las intensiones del **corazón.**" Hebreos 4:12

13-"En mi **corazón** he guardado tus palabras." Salmo 119:11

Capítulo Cuarto:

♥ Corazón y Cerebro ♥

Nuestro corazón tiene un tamaño como el del puño de nuestra mano. Pesa 300 gramos, mucho menos de una libra. Es sorprendente su eficiencia y capacidad. Nuestro corazón late cien mil veces al día, cuarenta millones de veces al año. Bombea dos galones de sangre por minuto, irriga con cien galones de sangre por hora a nuestro sistema vascular, que recorre 60,000 millas de largo por nuestro cuerpo. Cada día el corazón genera energía suficiente para mover un camión hasta 32 kilómetros.

Comienza a latir en el feto, antes que se forme el cerebro, por un sistema que se conoce auto rítmico.

Se ha demostrado que un bebé en el vientre materno recibe sonidos y palabras que son transmitidas por su mamá. Los sonidos musicales y los pensamientos amorosos y positivos son transmitidos de la mamá al bebé. La conexión del bebé con la mamá es a través del sistema vascular, cuyo órgano principal es el corazón. ***de Corazón a Corazón*** nos enseña la manera de utilizar esta conexión para nuestra realización y transformación.

El origen del latido del corazón se encuentra dentro de él mismo. El cerebro, a través del sistema nervioso autonómico, tiene influencia en el latido del corazón. El hipotálamo es el regulador del sistema nervioso autonómico. Se llama autonómico porque no tenemos control sobre él. Es una red de millones de nervios y terminales, con dos ramas o vías de conducción nerviosa; la rama simpática y la para-simpática. La rama simpática es la más activa y **lleva los impulsos que estimulan más.** La rama para-simpática **conduce los estímulos contrarios, estímulos más lentos y el corazón late más pausadamente.**

El corazón late más rápido o más lento, dependiendo de estas dos ramas y de los estímulos, impulsos, mensajes u órdenes que le demos. *Nuestro corazón siempre responde a los mensajes que le enviamos con nuestros pensamientos*. La respuesta de nuestro corazón va a ser aceptando esa idea o ese pensamiento, o no aceptándolo. Si lo acepta se lo envía al cerebro.

El cerebro siempre acepta lo que le envía nuestro corazón. Por el contrario nuestro corazón no siempre acepta lo que le envía el cerebro.

En la próxima lección, vamos a explicar y a comprender, de una manera clara y sencilla, la inteligencia de nuestro corazón.

Es interesante saber que cuando se realiza un trasplante de corazón, se corta toda comunicación del corazón con el paciente y el corazón continúa latiendo, a pesar de no haber ninguna conexión ni con el paciente, ni con el cerebro. Esto lleva a pensar a los neurocientíficos que el corazón tiene un sistema nervioso independiente y se refieren a él como, **"el Cerebro dentro del Corazón".**

Los científicos nos informan que hay aproximadamente 40,000 neuronas (células nerviosas) **en el corazón**, casi tantas como las que hay en la parte subcortical del cerebro.

Las células nerviosas (neuronas) tienen dos funciones: enviar un estímulo o señal y transmitirlo a otras neuronas o células efectoras para inducir una respuesta. El corazón tiene células nerviosas (neuronas) efectoras.

Ese cerebro dentro del corazón, a través del sistema nervioso y sus dos ramas, la simpática y la para-simpática, libera información al cerebro como una conexión de doble vía entre el cerebro y el corazón.

En otras palabras, el corazón le envía información al cerebro, la cual recibe y a su vez, el cerebro, en esta comunicación de doble vía, le envía información al corazón.

Así es que las señales, órdenes e información que envía el corazón al cerebro, a través del sistema nervioso y vascular, influyen en las funciones de las siguientes *estructuras del cerebro*: la amígdala, el tálamo y la corteza cerebral.

¿Qué es la amígdala?

La amígdala es una estructura en el cerebro en forma de almendra. Pertenece al sistema de procesar las *emociones.* Se especializa en *Memoria Emocional.* Cuando llega un pensamiento, busca asociarlo, compararlo y ver si le es familiar o no. Busca su **significado emocional.** Entonces se comunica con la corteza, para determinar cuál acción es la más apropiada.

¿Qué es la corteza?

La corteza es donde ocurre el *Aprendizaje y el Razonamiento.* Nos ayuda a solucionar problemas y determinar lo que es *correcto o incorrecto.*

Hasta ahora, hemos aprendido lo básico y necesario para comprender cómo se comunica el corazón con el cerebro, a través de su *sistema nervioso autónomo,* con sus dos ramas.

Sabemos además, que poseemos *el sistema nervioso periférico* que se compone de nervios que se encuentran en nuestra columna vertebral. Estos nervios llevan mensajes a los músculos y a la piel de nuestras extremidades. Se conocen como nervios periféricos que consisten de millones de fibras nerviosas que nutren a los músculos y la piel llevando y recibiendo mensajes e información desde el cerebro.

Aprendimos que el corazón es un órgano vital del sistema circulatorio. En su función de bomba, a través de su arteria principal (aorta), impulsa la sangre llevando irrigación al cerebro y a todos los órganos, tejidos y células de nuestro cuerpo.

Repasamos estructuras que se encuentran en el cerebro y que están relacionadas con las emociones, la memoria, el razonamiento, el aprendizaje y con lo que es o no, correcto.

Es importante recordar que esta comunicación entre nuestro corazón y cerebro *es de doble vía.* Enviamos mensajes en forma de pensamientos desde nuestro corazón al cerebro y recibimos mensajes en forma de pensamientos, desde nuestro cerebro a nuestro corazón.

Capítulo Quinto:

♥ Inteligencia del Corazón ♥

Conexión Corazón-Cerebro

La conexión Corazón-Cerebro, la vamos a llamar **"CONEXIÓN INTELIGENCIA-GUÍA DIVINA".**

Con la inteligencia relacionamos conocimientos que poseemos, para resolver una determinada situación.

Con la conexión inteligencia del corazón-cerebro, resolvemos las situaciones tomando la decisión que es la MEJOR de acuerdo a nuestra conciencia. Es mucho más que relacionar conocimientos, es relacionar anhelos, deseos, ideas divinas, conceptos, afirmaciones de Verdad y enseñanzas espirituales.

Nuestro corazón y cerebro se comunican constantemente a través del sistema vascular y el sistema nervioso, mayormente.

Recordemos que la guía divina funciona a través del **corazón**, de ahí que es importante saber cómo funciona la conexión del corazón con el cerebro y los otros órganos vitales de nuestro cuerpo.

Hay aproximadamente cuarenta mil neuronas (células nerviosas) en el corazón, casi tantas como en la parte subcortical del cerebro.

Dentro del mismo corazón existe un sistema nervioso independiente que podemos llamarlo un **"cerebro dentro del corazón."**

El corazón posee un sistema hormonal, el cual actúa sobre el balance de los líquidos de nuestro cuerpo y sobre el sodio y el potasio. Este sistema hormonal ayuda a reducir la presión arterial, a través de la hormona natriurética atrial, que es liberada por las células musculares de la aurícula del corazón, como respuesta al aumento de la presión.

El sistema vascular recorre todo nuestro cuerpo. Podemos decir que tiene una longitud de más de sesenta mil millas de largo, equivalente a dos veces la circunferencia de la tierra.

El sistema nervioso autónomo mantiene una comunicación con el corazón, a través del sistema simpático y parasimpático. Básicamente es una red que contiene millones de nervios y terminales nerviosas, con dos ramas; la simpática (más activa) y la para-simpática (menos activa).

Es importante saber que tenemos el poder de controlar estas dos ramas, a través de órdenes y mensajes que enviamos al corazón.

Cuando le enviamos un mensaje o información al corazón, en forma de pensamientos, él lo recibe e inclusive lo puede enviar a otros órganos, tejidos y lugares de nuestro cuerpo, no importa la distancia.

Ejemplo de un mensaje de Paz:

"Paz, Aquiétate." El corazón recibe este mensaje en forma de pensamiento. *Se activa la rama para-simpática del corazón,* que se encarga de bajar el pulso y disminuir los latidos. El cerebro, a su vez, recibe el mensaje e información enviado por el corazón, a través del sistema sanguíneo y el sistema nervioso. Una vez el cerebro recibe el mensaje de "paz, aquiétate", éste obedece siempre y disminuye el estímulo. Todo nuestro cuerpo se calma, se aquieta.

Es muy recomendable reconocer que el corazón posee la capacidad de calmar y aquietar al cerebro. El saber como lo lleva a cabo nos va a ayudar, de una manera sencilla, clara y eficaz a centrarnos y poder entrar al silencio, que es fundamental en la práctica de la meditación. Muchos de nosotros no logramos los frutos de la meditación, a pesar de los intentos que realizamos, debido al desconocimiento de cómo funciona la **conexión corazón- cerebro.**

Cuando meditamos enviamos ideas divinas, pensamientos y oraciones a nuestro corazón y desde nuestro corazón, a alguna parte de nuestro cuerpo. El mensaje en forma de pensamiento es dirigido por nuestro corazón, a cada célula, tejido u órgano, a través del sistema nervioso y el sistema vascular.

Todos nosotros hemos tenido la experiencia de que *si bien el cerebro siempre obedece al corazón, no así el corazón siempre obedece al cerebro.*

De ahí es que hemos aprendido a seguir los dictados del corazón (seguir la corazonada) y no lo que nos dice nuestro cerebro. Por más que insista el cerebro en que tomemos una decisión, si nuestro corazón no lo acepta, no le obedecemos. Por el contrario, si le enviamos un mensaje u orden de Paz y Amor al cerebro, a través de nuestro corazón, *el cerebro no lo entiende, pero siempre obedece.* Es por eso que la Inteligencia Universal nos invita a fluir en su guía, a través del corazón.

Nos invita a elegir sabiamente los pensamientos, los mensajes y las palabras que enviemos a nuestro corazón y más ahora, que sabemos los lugares que van a ser impregnados por ellos.

Ejemplo de un mensaje de coraje:
"Tengo coraje." El corazón recibe este **mensaje en forma de pensamiento**. *Se activa la rama simpática, que es más activa.* El corazón aumenta los latidos (taquicardia) y el cerebro recibe el mensaje, a través del estímulo simpático y del flujo sanguíneo. Esta información la envía simultáneamente a otros órganos, como el estómago, el sistema nervioso, el sistema muscular, el sistema urológico, el sistema respiratorio, etc. Los síntomas que desarrollamos debido a ese pensamiento de coraje van a depender del órgano o sistema que reciba la información.
Ejemplo:

Si es el estómago, vamos a desarrollar síntomas estomacales, entre los más comunes: dolor de estómago, acidez estomacal, diarrea, náusea y vómitos...........

Si es el cerebro, vamos a desarrollar mareos, visión borrosa, dolor de cabeza.........

Si es un grupo de músculos, vamos a desarrollar espasmos musculares, molestias y dolores...........

Si es el sistema cardio-respiratorio, vamos a desarrollar falta de aire, dolor de pecho, taquicardia, palpitaciones...........

Una manera muy sencilla y práctica de saber si una decisión es correcta o no, es siguiendo la intuición interna. Si la decisión nos da paz, gozo y alegría, viene de la Inteligencia Divina Universal.

Todo lo que nos da Paz, viene de Dios.

Si la decisión no nos da paz y comenzamos a experimentar y desarrollar síntomas físicos desagradables, la decisión no ha sido la correcta.

Lo más probable es que nos hayamos desconectado y no hemos fluído en la guía divina. Como la guía no se aparta de nosotros, podemos decir que no nos suelta nunca, debemos estar conscientes de lo que nos está ocurriendo. La solución está en nosotros y se llama **reconexión. Llevamos a cabo la reconexión, dirigiendo nuestros pensamientos al Corazón.**

Nada ni nadie puede obstaculizar el fluir del bien para nosotros cuando estamos conectados con la Inteligencia Universal.

Comencemos a dirigir todo a través de nuestro corazón. Escuchemos nuestro cuerpo y sus reacciones. Recordemos que nuestros deseos son los deseos de Dios a través de nosotros.

Entender la inteligencia del corazón nos permite poner en práctica la manera de enviarnos mensajes poderosos a todo nuestro ser.

Los mensajes que podemos enviarnos pueden ser de:

paz
salud
alegría

gozo
amor
fortaleza
energía
vida

Los mensajes de calma, paz y tranquilidad que enviamos al corazón en forma de pensamientos, éste los recibe y a su vez se los envía al cerebro, a través del sistema nervioso (específicamente la rama para-simpática). Al cerebro recibirlo, responde de manera calmada. *El resultado que vamos a manifestar es sentirnos en paz, serenos y calmados.*

Los mensajes de salud que enviamos al corazón en forma de pensamientos de salud perfecta, a través de afirmaciones positivas, como por ejemplo: "*Yo Soy sano, perfecto, borro de mi mente, alma y corazón todo pensamiento erróneo de imperfección*", nuestro corazón los recibe y a su vez se los envía, a través de su sistema vascular y nervioso, a toda célula, tejido y órgano de nuestro cuerpo. La totalidad de nuestro ser se impregna de estos mensajes y por consiguiente, la manifestación se realiza. Se lleva a cabo la sanación y curación. *El resultado que vamos a manifestar es de salud perfecta.*

El tiempo que toma no es importante, siempre va a ocurrir. Sabemos que todas las células y tejidos están restaurándose y renovándose constantemente. Los componentes celulares de nuestra sangre se renuevan en horas y días. Es por eso que día a día tenemos un cuerpo nuevo, pero con información vieja. Un cuerpo correcto, pero con información incorrecta. Un cuerpo perfecto, pero con información imperfecta.

Lo que vamos a hacer es enviarle a nuestro cuerpo información, mensajes y órdenes nuevas, correctas y perfectas, a través de nuestro corazón.

Una vez que el cuerpo haya recibido toda esta información positiva, va a ser restaurado y renovado.

Todo nuestro ser va a impregnarse de energía y luz.

Aprendamos lo que el maestro Jesús nos enseñó para renovarnos, restaurarnos, transformarnos e iluminarnos, **echemos vino nuevo en odres nuevos.**

Nuestro cuerpo, no importa por la situación o reto por la que esté pasando, sigue su proceso de renovación y restauración. Se mantiene creando nuevas células y tejidos. A nosotros nos corresponde no darle poder a la situación y dedicar nuestra energía a enviarle ideas, pensamientos, mensajes, órdenes perfectas, puras y elevadas.

de Corazón a Corazón nos ha enseñado a conectarnos y fluir en la Inteligencia Universal.

En la misma forma, nuestro sistema inmunológico está influenciado por la conexión Corazón-Inteligencia y cuando enviamos mensajes en forma de pensamientos positivos, aumenta la producción de anticuerpos Ig A.

El resultado es que nuestro cuerpo va a tener mayor resistencia contra las infecciones.

Los mensajes de alegría, gozo, rejuvenecimiento, que enviamos al corazón en forma de pensamientos, este los recibe y a su vez los envía a diferentes órganos de nuestro cuerpo.
Si es de rejuvenecimiento, los envía al sistema endocrino y se activa la secreción de la hormona anti-envejecimiento y el cortisol. El cortisol y la hormona antienvejecimiento utilizan el mismo precursor para producirse. Cuando estamos relajados, sin "stress", el cortisol disminuye, por lo tanto deja libre el precursor que utiliza para producirse. Al dejarlo libre, la hormona anti-envejecimiento toma ese precursor y aumenta su producción. Al aumentar la producción de hormona anti-envejecimiento, ésta se libera y fluye por todo nuestro ser.

El resultado que vamos a manifestar es ponernos mas jóvenes y radiantes.

"El corazón alegre hermosea el rostro."
Proverbio 15:13

Lo contrario ocurre cuando no estamos gozosos, alegres y agradecidos. El cortisol aumenta su producción y no le permite a la hormona anti-envejecimiento utilizar el precursor.

El resultado es piel arrugada y todo lo que conlleva envejecer prematuramente.

"No endurezcáis vuestros corazones." Hebreos 3:8

Hemos visto las facultades que posee el corazón. Además de su poder de enviar la sangre a todo nuestro cuerpo, *envía mensajes a través de su sistema nervioso, al cerebro y a cualquier órgano, tejido o célula de nuestro cuerpo.* Posee un sistema hormonal que actúa sobre el balance de los líquidos del cuerpo. Tiene el poder de auto regularse y mantenerse latiendo por él mismo. Su fortaleza es extraordinaria.

En nuestro corazón, todos nuestros sistemas están en constante interacción, íntimamente conectados y fluyendo en el orden establecido por la Inteligencia Universal.

Los resultados que logramos al conocer estas verdades y practicarlas son maravillosos. Vamos a experimentar libertad, control y vida plena, viviendo en el fluir de la Inteligencia Universal.

Nuestro corazón se enriquece por el tesoro que se encuentra en cada una de estas verdades y envía ese caudal enriquecedor a toda célula, tejido y órgano de nuestro ser, impregnándolo en su totalidad.

"Me doy el permiso de explorar las riquezas de mi corazón."

CAPÍTULO SEXTO:

♥ CORAZÓN Y CONCIENCIA ♥

Estamos acostumbrados a referirnos a nuestra mente, alma, conciencia y corazón, indistintamente.

Metafísicamente el alma es el corazón. Es y abarca toda nuestra conciencia. Nuestra alma es la suma total de todas nuestras creencias, pensamientos, sentimientos, actitudes y recuerdos. ***de Médico a Maestro****:* páginas 73-75.

Se nos hace más fácil localizar el corazón, que localizar nuestra mente, alma y conciencia.

Muchos se refieren al corazón como la mente subconsciente. Otros incluyen a la mente consciente y al superconsciente.

La conciencia es el compuesto de ideas, pensamientos, emociones, sensaciones y conocimientos, que componen la fase conciente superconsciente y subconsciente de la mente.

La conciencia incluye el espíritu, el alma y el cuerpo, siendo el cuerpo la expresión externa de nuestra conciencia.

Una de las razones por la cuales no se nos hace fácil entender lo que es conciencia, es por creer que tenemos conciencia. *Nosotros no tenemos conciencia, nosotros somos conciencia.*

Debemos ser cuidadosos al hablar de tener, ya que lo que se tiene se puede perder y la conciencia nunca se pierde.

Existen distintos estados de consciencia: conciencia Crística, ascenso en conciencia, conciencia del cuerpo, conciencia de los sentidos, conciencia espiritual, conciencia de hijo de Dios, conciencia iluminada, conciencia interna, conciencia mortal, conciencia material, conciencia positiva o negativa, conciencia total, conciencia colectiva, etc.

Los pensamientos es lo más poderoso que tenemos y las emociones son realmente pensamientos, pero que tienen lugar exclusivamente en el subconsciente.

El libro ***de Corazón a Corazón,*** en esta lección, nos va a llevar a conocer en qué lugar de nuestra mente, de nuestra conciencia, se encuentran las ideas, los pensamientos, las emociones, los recuerdos y las experiencias.

Un grupo de ideas crean un pensamiento. Las palabras son pensamientos expresados.

Una vez conocemos donde se encuentran y residen los pensamientos en nuestra conciencia, vamos a tener poder y control sobre ellos. Podemos dejarlos entrar concientemente o podemos bloquearlos. Podemos estar receptivos a las buenas ideas y pensamientos, que vienen de lo más elevado en nosotros, de la superconciencia o mente Crística. Así como también podemos bloquear lo negativo que no nos engrandece, ya que no viene de lo más elevado en nosotros.

Al adquirir el conocimiento de lo que es conciencia y conocer las tres fases de nuestra mente, podemos entender con claridad el proceso de *transformación, a través de nuestro pensamiento y lograr ser seres de Luz.*

El pensador religioso promedio no sabe nada acerca de la mente subconsciente y muy poco acerca de la mente superconsciente.

Es fundamental conocer y reconocer como trabaja lo que viene del nivel sobre el conciente y lo que se encuentra bajo el nivel conciente.

La Inteligencia Universal nos provee las ideas divinas, las cuales son patrones espirituales que constituyen lo que llamamos el Bien. Estas se encuentran en el nivel superior, sobre el consciente, en el superconsciente.

<u>Las ideas divinas básicas</u> son las doce facultades espirituales en cada uno de nosotros:
Fe, **F**ortaleza, **S**abiduría o discernimiento, **A**mor, **P**oder, **I**maginación, **C**omprensión, **V**oluntad, **O**rden, **C**elo o **e**ntusiasmo, **E**liminación o **R**enunciación y **V**ida.

La Inteligencia Universal origina las ideas divinas. Sus obras son creadas como ideas divinas.

En el camino de "*la Inteligencia a la Luz*", nuestras facultades espirituales comienzan a expandirse en nosotros, complementándose y armonizándose unas con otras, dirigidas por la Inteligencia Universal que mora en cada uno de nosotros.

Cuando avivamos las facultades espirituales a la acción, la Inteligencia Universal comienza su gran obra en nosotros.

La facultad de la **Fe** pone en acción la gran maquinaria espiritual y nos conecta con la energía todopoderosa para ver más allá de las apariencias. Creemos sin ver y damos pasos aún cuando no podemos ver los escalones. La fe hace visible lo invisible porque es un conocimiento interno que surge de nuestro vínculo con la Inteligencia Universal. Esta facultad nos sostiene ante la duda.

La facultad de la **Fortaleza** no es física, tiene su origen en el espíritu. Proviene de Dios, es espiritual. La fortaleza física es la del hombre natural. Al hombre expresar el Cristo, la fortaleza es espiritual. Un ejemplo de fortaleza espiritual es el vencimiento de Goliat por David. Ahí vemos cómo el hombre espiritual vence al hombre físico. Seamos fuertes y no permitamos que ningún pensamiento de debilidad penetre en nuestro corazón, porque somos "*torre de fortaleza*", tanto en lo interno como en lo externo.

"*Todo lo puedo en Cristo que me fortalece.*"

Filipense 4:13

La facultad de la **Sabiduría** trasciende el conocimiento intelectual. Es intuición espiritual, conocimiento intuitivo. Es la voz interna de Dios.

La facultad del **Amor** en nosotros nos armoniza, reconstruye, reedifica, nos restaura a nosotros y a nuestro mundo.

El amor es la divina cualidad de Dios expresándose en nosotros y a través de nosotros. Es la idea de la unidad universal y la más grande de todas nuestras facultades espirituales. El amor es la fuerza que disuelve todo lo que se oponga a pensamientos correctos y de esa manera suaviza todo obstáculo que se pueda presentar.

La facultad del amor ha sido localizada en el **Corazón**. *El mejor tratamiento para la realización del amor divino fue recomendado por nuestro maestro espiritual, Jesús*: "Amarás al Señor tu Dios con todo tu corazón, con toda tu alma y con toda tu mente" y "Amarás a tu prójimo como a ti mismo."

Luego eligió dejarnos un solo mandamiento:

"Que os améis unos a otros, como yo os he amado." Juan 13:34

Este tratamiento nos dirige al amor incondicional, al amor Crístico. *Amar a los demás es el más instintivo de todos los reflejos, pues es la sustancia misma de Dios.*

Uno de los propósitos más nobles en la vida, es que podamos expresar amor incondicional. La Inteligencia Universal se expresa en nuestras vidas cuando permitimos que nuestro amor fluya incondicionalmente, en todas direcciones.

Recordemos: *"Amamos a Dios cuando amamos Su imagen en nuestros semejantes."*

La facultad del **Poder** está relacionada con el pensamiento. Se nos ha concedido el poder consciente del pensamiento. El pensamiento es muy poderoso y nosotros somos los únicos llamados a controlarlo y para su dominio necesitamos avivamiento divino.

La Inteligencia Universal nos va a revelar a nuestra conciencia que lo que vemos en lo externo es controlado por algo interno. Vamos a ir al centro de poder y establecernos en la conexión Corazón-Inteligencia para tomar cualquier decisión. Nosotros tenemos el poder de controlar nuestros pensamientos y sentimientos, pero necesitamos un aceleramiento de lo alto, de la Inteligencia Universal. Nuestra mente está compuesta de ideas, pensamientos y sentimientos y nosotros heredamos el poder de controlar las fuerzas de nuestra mente.

A los discípulos de Jesús se les dio poder el día de Pentecostés:

"Vosotros recibiréis poder cuando el Espíritu Santo haya venido sobre vosotros."

Hechos 1:7-8

Desde ese instante, los discípulos pasaron de seguidores a líderes espirituales, expresando el *poder de la palabra* en todo momento y en todas las naciones.

Jesús le llamó a la palabra, *semilla* y éstas palabras (semillas) cuando se siembran en nuestra mente y corazón, pasan por muchos cambios y producen mucho fruto, de acuerdo a la capacidad y receptividad de la persona que las recibe.

El poder de controlar lo que pensamos, sentimos y expresamos, es lo que nos hace hijos de luz.

La facultad de la **Imaginación** le da forma al pensamiento. Las formas son siempre manifestaciones de ideas. Toda forma y figura tuvo su origen en la imaginación. Cuando damos forma a una idea basada en el intelecto, por lo general lo que se logra no es duradero. Por el contrario, cuando la idea viene de lo interno, de lo divino, de nuestro corazón, por lo general perdura por tiempo indefinido, son duraderas, *"no pasarán."* Lucas 21:33

La facultad de la imaginación la usamos en nuestro proceso creativo.

La facultad de la **Comprensión** es la revelación de la Verdad a nuestro **corazón**. Cuando avivamos la facultad de la comprensión espiritual, ocurre un nacimiento espiritual, "*nacemos de nuevo*". Esta facultad es la revelación de Dios a nuestra alma. Para trabajar esta facultad hay que hacerlo individualmente y se logra por medio de la intuición, no con la inteligencia racional.

La intuición es el conocimiento de Verdad espiritual. La percepción es lo que nos dice los sentidos. La percepción por los sentidos es la que nos hace ver los "*hombres como árboles*", que significa, ver los hombres en lo externo. (Marcos 8:23). En cambio, la intuición espiritual nos hace ver el Cristo en los demás y verlos como son verdaderamente, seres espirituales.

La facultad de la **Voluntad** es el poder ejecutivo de la mente. Es nuestra voluntad positiva o negativa, la que atrae a nuestra mente, alma y corazón tanto lo bueno, como lo no bueno.

En nosotros hay un poder inherente a la voluntad, que es el libre albedrío. *El libre albedrío consiste en elegir entre un bien superior o uno inferior, escoger entre un pensamiento positivo o uno negativo, escoger entre aceptar o rechazar una idea, pensamiento, sentimiento, o acción. Incluye además, el poder de actuar en contra de todo lo correcto, de todo lo bueno.*

La voluntad debemos usarla a nivel espiritual. "*Que se haga tu voluntad y no la mía,*"

Esa es la voluntad divina y se logra practicando la Presencia Dios y afirmando nuestra unidad con la Inteligencia Universal.

La voluntad a nivel humano nos trae grandes consecuencias negativas. La manera de usar la voluntad es a nivel divino: "*Que se haga Tu voluntad y no la mía*".

Nos rendimos a la voluntad divina y estamos conscientes que espiritualmente esto significa rendirnos al mayor Bien. Jacob luchó por alcanzar ese grado mayor y lo alcanzó cuando le dijo al ángel: "*no te soltaré hasta que me bendigas*". Génesis.32:22-32. Cuando alcanzó su bendición, lo soltó y dejo ir.

La facultad del **Orden** y ley es la que nos levanta de una conciencia sensorial, a una espiritual, "*vamos de Egipto a Canaán*". El orden divino se establece en nuestras vidas cuando afirmamos: "*Dejo a Dios ser Dios a través de mi.*"

El orden es la primera ley del universo. El universo existe porque todas sus partes se mantienen en orden perfecto. Su actividad es en orden. Nos mantenemos en orden cuando en conciencia somos uno con el Padre: *"El Padre en mi y Yo en Él", "El Padre y Yo uno somos."* Juan 10:30. No podemos llegar a ese estado de conciencia hasta que hayamos borrado, tachado de nuestra conciencia, la tradición religiosa, la autoridad y los escritos de los hombres. Esto puede servirnos de referencia, pero para alcanzar la conciencia Crística debemos ir directamente al Padre, a la superconciencia. Cuando logramos alcanzar ese estado espiritual, vivimos en el orden divino. Fluímos dirigidos y guiados por la Inteligencia Universal en nuestro corazón.

Para nosotros mantenernos en protección de ley y orden divino, necesitamos mantener nuestra conexión **Corazón-Inteligencia Universal**.

La facultad del **Entusiasmo** es el impulso de seguir adelante. Es la urgencia detrás de todas las cosas. El entusiasmo nos hace sentir el placer de vivir. Para nosotros, el entusiasmo es como la electricidad para el motor. Toda acción en nuestra vida es precedida por el deseo y los deseos de nosotros son los deseos de Dios a través de nosotros. El entusiasmo es el impulso afirmativo de la existencia y su mandato es seguir adelante.

A este impulso universal de vida, la mayoría de las personas lo han llamado Dios. *Fluir en este impulso de energía nos permite que irradiemos lo que somos, seres de Luz.*

La facultad de **Renunciación** permite dejar ir pensamientos erróneos y negativos alojados en nuestro subconsciente. Estos pensamientos muchas veces no pertenecen a nosotros. Vienen de otras personas y han encontrado lugar en nuestra mente por haber permitido escucharlos. Si estamos alertas y concientes del daño que ellos nos causan, podemos bloquearlos, negarlos y eliminarlos.

Una manera fácil de bloquear y negar los pensamientos negativos es diciéndose para uno mismo: "*No estoy de acuerdo con lo que escucho y no lo acepto para mi, ni para la persona que lo está diciendo. Lo cancelo ahora mismo y estoy en paz*". Al soltar y dejar salir pensamientos que no enriquecen, permitimos que nuevos y positivos pensamientos encuentren lugar en nuestro subconsciente.

Cuando negamos, lo que estamos haciendo es declarar que no es cierta una situación o cosa que parece serla.

Las apariencias negativas están opuestas a las enseñanzas de la Verdad. "*No juzgar por las apariencias, sino por recto pensar.*" Juan 7:24

La facultad de la renunciación nos va a liberar de la conciencia de error y todas sus consecuencias. Al no permitir pensamientos negativos en nuestra conciencia, nos liberamos de un perpetuo pleito mental. Para el logro de una conciencia positiva, nos apoyamos en la Inteligencia Universal.

La facultad **Vida** es animación, movimiento, vigor, actividad y se expresa en nosotros y a través de nosotros. Es la energía que mueve todo a la acción. *La fuente de vida es Dios, por lo tanto para ver la vida Dios es necesario visión espiritual.*

La vida es todo y todo es vida. ***Dios es todo en todo.***

"Dios es sobre todos, por todos y en todos."

Efesios 4:6

Vida es un principio. Vida no tiene opuesto. Contrario a nacer, cuyo opuesto es morir.

Vida es una idea divina, la vida Dios que en cada uno de nosotros se expresa como perfección de vida, salud perfecta y vitalidad. La disfrutamos al traerla a manifestación en mente y cuerpo.

El reconocer que nosotros poseemos y podemos avivar estas doce ideas divinas básicas y sostenerlas en nuestro corazón en todo momento, nos convierte en reinas y reyes del reino.

El resultado final es el logro de la espiritualización de nuestra alma y corazón para manifestar la cualidad de hijos de Luz.

Nos vamos a dar cuenta que nuestra alma ha logrado la espiritualización por la manera como nos expresamos, lo que manifestamos y como actuamos.

Poseemos muchas ideas y cualidades divinas, entre otras: armonía, belleza, perfección y sustancia.

Dos conceptos fundamentales que nos ayudan a mayor crecimiento en comprensión espiritual, son:

Verdad Absoluta y verdad relativa

El entender el concepto de Verdad Absoluta nos ayuda a discernir entre lo Absoluto y lo relativo.

La Verdad Absoluta es la suma total de todas las ideas divinas.

Todo lo que sea Verdad Absoluta es eterno, no cambia, ni cambiará. Nace con nosotros. La Verdad Absoluta es universal. Son los pensamientos más elevados.

La verdad relativa está siempre cambiando. Es la verdad desde el plano de las apariencias. Tiene que ver con el mundo de nuestros pensamientos y sentimientos. En ese mundo es donde podemos sufrir enfermedad, escasez, desarmonía y fracasos.

Todo lo que es apariencia no es Verdad Absoluta. Es por eso que la verdad relativa está basada en nuestra experiencia de las apariencias de las cosas, en el mundo físico.

Todo lo que es aparente lo podemos cambiar. Podemos cambiar un estado enfermizo por uno saludable. Podemos cambiar un pensamiento de escasez por uno de abundancia. Podemos cambiar estados de infelicidad por unos de paz, gozo y alegría. Podemos cambiar el temor por la fe. La razón que podemos cambiar esos estados de conciencia es porque están en lo relativo. Lo relativo es apariencia, estos estados de conciencia nos parecen reales, pero no lo son.

Las lecciones cuarta y quinta nos enseñan cómo podemos hacer los cambios. Esto es haciéndonos concientes y receptivos a utilizar la conexión corazón-cerebro.

En una situación de apariencia nos mantenemos en conciencia de no aceptar la apariencia y nos reconectamos para hacer contacto con la Supermente a la cual Jesús llamó el *PADRE*, la Inteligencia Universal.

Una vez establecemos la reconexión, se derraman las ideas de verdad que se encuentran en la mente divina, supermente o superconsciente.

Vamos cambiando a pensamientos más elevados, hasta establecer la conciencia del reino de los cielos aquí y ahora.

Todo lo que nos provee la Inteligencia Universal es lo que nuestra alma utiliza en el proceso de espiritualizarse. Es nuestro manantial interno inagotable. Así es que lo que recibimos de la Inteligencia Universal son ideas divinas, Verdades Absolutas.

Las ideas divinas y las Verdades Absolutas son el lenguaje de la Oración.

Nuestra alma va recogiendo todo lo que pueda aceptar. Es como un recipiente recogiendo, llenándose de lo bello y puro, hasta que logramos nuestra iluminación. Nuestra alma es eterna.

A nuestra alma le llamamos el *corazón.* Nuestro corazón tiene la habilidad de identificarse con lo Absoluto y a la misma vez participar en el proceso cambiante de lo relativo.

Cuando mantenemos la conexión **Corazón-Inteligencia-Guía divina,** nos identificamos con lo Absoluto, con lo divino en nosotros.

Nuestra fuente es la Inteligencia Universal, de donde recibimos ideas ilimitadas de Verdad.

Vamos a estar conscientes, recibiendo y procesando la información correcta. Nuestra responsabilidad es estar conscientes y reconocer nuestros procesos mentales. Todo lo que pensemos, razonemos y decidamos vamos a discernirlo para saber si viene de lo más elevado, de lo más puro, de lo perfecto.

Mantendremos nuestros cinco sentidos alerta, para escoger o no, entre verdades relativas o Verdades Absolutas.

La decisión de escoger la llevamos a cabo con la mente consciente.

Si nuestra mente consciente permite y acepta la entrada de un pensamiento, este pensamiento es automáticamente aceptado por nuestra mente subconsciente.

Es por eso que somos nosotros los responsables de lo que pensamos, de lo que escuchamos y lo que aceptamos que nos digan.

Nuestra mente consciente trabaja como un "*portero*", como un filtro. Está de nuestra parte aceptar un pensamiento o bloquear ese pensamiento y no aceptarlo conscientemente.

La responsabilidad de nuestra mente consciente es inmensa. Es en ella donde podemos decir que residen los cinco sentidos, para informarnos del mundo exterior.

Los cinco sentidos son la visión, el tacto, la audición, el olfato y el gusto. A través de ellos nos llega información que debemos aceptar o no.

A través de la mente consciente buscamos, recibimos y procesamos información.

Nuestra mente subconsciente acepta todo. No tiene criterio. Nos complace siempre. Es como un archivo donde se almacena toda la información que se recibe, tanto de la mente consciente como del superconsciente. Si la información viene del superconsciente siempre es buena. Pero cuando la información viene del consciente hay que poner a trabajar al "*portero*" para saber lo que vamos a permitir que pase a nuestra memoria, a nuestro archivo, a nuestro almacén. En ese archivo se encuentran nuestros recuerdos, experiencias, emociones, éxitos, fracasos y creencias.

Una manera sencilla y clara para entender la mente subconsciente es imaginarnos nuestro "*ropero*", con ropa vieja y ropa nueva. La ropa en el ropero ocupa un espacio y si hay mucha ropa vieja es difícil dejar entrar ropa nueva en él. Eso mismo sucede con los pensamientos nuevos y elevados que vienen de la mente superconsciente, tales como de amor, paz, salud perfecta, belleza, armonía, alegría, agradecimiento, en fin todas las ideas divinas, cuya fuente es inagotable.

A estos pensamientos se les hace difícil entrar en la mente subconsciente, si ella está llena de pensamientos no buenos, tales como: pensamientos de error, fracasos, temores, limitaciones, creencias erróneas, recuerdos y experiencias no buenas. En otras palabras, lo que tenemos es un ropero lleno a capacidad, que no deja entrar ropa nueva, que no deja entrar pensamientos nuevos y elevados.

Este ejemplo lo que pretende es que entendamos que los pensamientos ocupan un espacio y para que un pensamiento nuevo reemplace a un pensamiento viejo, este necesita ser removido. Utilizar la conexión corazón cerebro nos brinda la solución.

El subconsciente trabaja con viejas órdenes hasta que le demos nuevas. Si no le damos nuevas órdenes, seguimos pensando, sintiendo y actuando de la vieja manera.

Lo importante del subconsciente, es que como cumple órdenes, si estas son buenas, positivas, podemos transformar nuestra manera de pensar, sentir y actuar. *Lo maravilloso es que acepta todos los mensajes, las ideas y órdenes que le enviemos.* Cuando le enviamos pensamientos positivos y transformadores, son bien recibidos.

Es en el subconsciente donde se lleva a cabo la transformación, sacando y cancelando pensamientos negativos que no engrandecen y dejando entrar pensamientos positivos. *De esta manera vamos espiritualizando nuestro subconsciente, nuestra alma, nuestro corazón.*

Es por eso que llamamos corazón al subconsciente. *En nuestro corazón es que llevamos a cabo la transformación.* ***de Corazón a Corazón*** nos enseña a entender la conexión.

El subconsciente controla todas las funciones del cuerpo, estemos dormidos o despiertos.

Al subconsciente siempre aceptar nuevas órdenes, podemos enviarle pensamientos positivos y transformadores, que producen cambios en la manera antigua de pensar. Cambiamos, de esta forma, a pensamientos, experiencias y recuerdos positivos. *Lo podemos hacer porque todo esto pertenece a la verdad relativa, a lo que es apariencia de las cosas en el mundo. La verdad relativa es cambiante, la Verdad Absoluta no cambia, es eterna.*

Un ejemplo de una verdad relativa que esté en nuestro subconsciente y que podemos cambiarla es la escasez. Afirmando abundancia podemos cambiar nuestra manera de pensar y hablar, hasta que el subconsciente lo acepta y logramos transformar nuestro pensamiento.

Otro ejemplo son los pensamientos y conversaciones de enfermedad que se han almacenados en nuestra memoria, en nuestro archivo, en nuestro subconsciente y *los podemos cambiar* a pensamientos de salud perfecta, divina y pura. Podemos afirmar, "*Me veo sano y soy sano.*" Si queremos ser sanos, pensemos en salud y si queremos abundancia en todo, pensemos y afirmemos abundancia inagotable de Bien.

Según podemos transformar nuestro subconsciente, podemos también espiritualizarlo.

Las afirmaciones nos ayudan a realizar cambios. Las afirmaciones son declaraciones positivas de verdad y las negaciones es negar que no es cierto una cosa que parece serlo.

Si permitimos a la Inteligencia Universal expresarse a través de nosotros, la totalidad de nuestra mente y alma va a ser espiritualizada.

Nuestro cuerpo va a reflejar lo que ocurre en nuestros pensamientos, sentimientos, recuerdos y experiencias, cuando logramos la Iluminación de la Inteligencia Universal.

Este capítulo de corazón y conciencia nos enseña que no hay separación entre nuestra mente, alma, corazón y nuestro cuerpo.

Por miles de años esta unidad era lo aceptado. La visión global del mundo antiguo, medieval y del renacimiento, era la unidad.

Lo que sucedió fue que hace más de trescientos años, en la *"Época de la Ilustración" y de la "Revolución Industrial"*, se le dio mucha importancia a la razón y a los cinco sentidos.

La importancia que se le dio a la razón y a los sentidos dividió en dos, tanto a nuestro universo, como a nosotros (lo físico y lo no físico). A su vez lo físico era sinónimo de lo objetivo y lo no físico, de lo sujetivo. Lo físico se equiparó con el cuerpo y lo no físico, con la mente. Lo físico era igual a lo real y lo no físico, a lo irreal.

En ***de Corazón a Corazón*** vamos a ***reeducarnos*** de manera que nos enfoquemos en lo que somos. Somos unidad y somos unidad con la Inteligencia Universal. *Vamos a reconocer que lo no físico y Absoluto es lo real y lo físico es la manifestación o expresión.*

Vamos a comprender que nuestro cuerpo va a reflejar lo que ocurre en nuestros pensamientos, sentimientos, recuerdos y experiencias, cuando logremos la Iluminación de la Inteligencia Universal.

Vamos a comprender además que nuestro cuerpo es la expresión externa de nuestra conciencia.

Lo invisible se nos hace visible al comprender la Verdad Absoluta, al conocer el reino de las ideas divinas, que se encuentran en nuestra mente superconsciente, o mente Crística.

Estaremos concientes que la espiritualidad implica una conciencia de lo que se ve y una apertura hacia lo que no se ve. **Libro *de Médico a Maestro,*** página 44.

Los maestros espirituales son los facilitadores en el estudio de las **Verdades Espirituales,** que son necesarias en nuestro caminar a la luz.

> Jesús las recibió directamente de la Inteligencia Universal, a quien llamó el *Padre.*

Los discípulos las aprendieron de Jesús.

Pablo las aprendió de Gamaliel, su maestro del judaísmo y de Ananías, su maestro del cristianismo.

Juan nos dice muy acertadamente:
"*el Espíritu nos lo revelará y nos lo enseñará todo.*"

Juan 14:26

Capítulo Séptimo:

♥ Energía y Luz ♥

La teoría del Big Bang es el modelo de los científicos, los astrónomos y los astrofísicos para explicar el desarrollo del Universo. Básicamente dice que el universo comenzó con una pizca de energía encerrada en un punto bien pequeño. Ese punto extremadamente denso explotó con una fuerza titánica inimaginable, creando materia, la cual fue expulsada creando billones de galaxias en nuestro universo. Ellos le llamaron a esa explosión el Big Bang. El Big Bang lanzó energía en todas direcciones y esa energía está presente en todo el universo.

La fuente de energía del universo físico procedió del Big Bang y la fuente de energía espiritual en nosotros, procede de la Inteligencia Universal.

Existen muchos tipos de energía, la energía nuclear o atómica, energía hidráulica, energía solar, la eléctrica, la energía potencial, energía cinética, la energía eolítica……

En esta lección nos interesa reconocer la energía radiante, divina y espiritual.

En nuestra vida diaria hablamos de energía para referirnos a *fuerza, vigor, acción o actividad.* Sin embargo, *la energía es lo que hace que todo funcione.* Sin energía no podríamos funcionar ni nosotros, ni las máquinas. No podrían producirse los procesos vitales. Así que **la energía es lo que hace posible cualquier actividad, tanto física como biológica.**

¿Por qué se nos hace difícil entender el concepto de energía, al igual que no entendíamos el concepto de lo que somos, antes de estudiar la segunda lección?

Hemos estado acostumbrados a saber, entender y reconocer por lo que vemos. Sin embargo, la energía no la vemos, pero el efecto que causa, sí lo vemos, lo reconocemos y lo entendemos.

La energía se pone de manifiesto cuando se transforma. La transformación ocurre cuando ésta energía pasa de un cuerpo a otro, de un sistema a otro. Entonces sí vemos su efecto. Un ejemplo sencillo es cuando la energía solar transforma las plantas haciéndolas crecer. Otro ejemplo, cuando la energía transforma el hielo en agua.

Es por eso que *la energía es el precursor de todo efecto.*

La energía se aplica a lo que produce un contundente efecto

La energía es una propiedad de los cuerpos, que produce transformaciones en ellos

mismos y en otros cuerpos. Esto nos conduce a pensar que la energía la poseen nuestros cuerpos y la pasamos de uno al otro.

La energía es lo que ha hecho posible que nosotros nos hayamos movido hacia adelante en el tiempo y en la historia.

En nuestras oraciones, meditaciones y canciones, nosotros hacemos referencia a **la energía radiante**.

La energía radiante es la que transporta una onda electromagnética.

La característica principal de esta energía es que se puede propagar en el vacío, sin necesidad de soporte material alguno.

En el cuerpo humano, el ***corazón*** *es la fuente más poderosa de energía electromagnética. Los campos electromagnéticos del corazón son los más poderosos del cuerpo.*

El corazón emite cinco mil veces más energía que el cerebro. Esto explica el por qué emitimos tanta energía radiante desde nuestro corazón.

Los campos electromagnéticos de nuestro corazón impregnan cada célula de nuestro cuerpo.

Además, nuestro corazón irradia energía al exterior, a lo que nos rodea.

Podemos medir la energía que irradia nuestro corazón, a través de un detector que se conoce como magnetómetro.

Nuestro corazón puede irradiar energía al corazón de otra persona, hasta diez pies de distancia.

La energía que irradia nuestro corazón no solamente es detectada por nuestro cerebro y nuestro cuerpo, sino que llega a las personas que nos rodean. Somos seres de energía y luz. *Energizamos a los que nos rodean.*

El mejor abrazo que podemos dar a nuestros semejantes es el ***de corazón a corazón****. En ese abrazo vamos a sentir la verdadera energía divina que está en cada uno de nosotros y la vamos a compartir.*

Jesús estaba consciente de Su energía, la cual irradiaba y dirigía correctamente, tal como lo hizo cuando la mujer enferma le tocó su manto. Nos lo enseñó diciendo: "*Alguien me tocó porque energía salió de mi.*" Lucas 8:46

Jesús anhela en su corazón que nosotros junto a El, generemos energía espiritual y nos enseñó como hacerlo: "*Donde dos o más se reúnen en mi nombre, allí estoy yo.*" Mateo 18:20

Tal como el corazón concentra, almacena e irradia energía, nosotros a través de la oración y la meditación, hacemos lo mismo, para dirigirla correctamente y no permitir que se disipe.

Para esto hemos aprendido a seguir la **guía que nos llega a través de la inteligencia de nuestro corazón.**

La energía hay que dirigirla a la **Unidad**, pues sabemos que somos uno con y en Dios, que somos divinos, que somos un hijo/a de Dios y donde quiera que estamos expresamos y demostramos su semejanza, viviendo de acuerdo a la Verdad.

Nuestra energía espiritual es la extensión de la energía divina, Dios.

Jesús siempre dirigió su energía a la unidad y lo aseveraba diciendo: "*El Padre y yo uno somos*". Juan 10:30 "*Mi Padre trabaja y yo también trabajo.*" Juan 5:17

La separación, la no unidad es todo lo contrario, es la energía esparcida, disipada y desparramada.

Para sanar y amar hay que dirigir la ENERGÍA.

Pablo y Silas movieron la energía y sucedió la manifestación. Hechos 16:25

Jesús enseñó como podemos experimentar la Presencia Dios en cada uno de nosotros. El verdadero discípulo de Jesús debe enfocar, mover y permitirse fluir en la energía Dios.

La inteligencia Universal es la fuente inagotable de energía y nos suple toda la que necesitemos. Nos suple energía divina, energía de nuestros semejantes, energía de los comestibles, energía lumínica, tan importante para nuestros procesos visuales.

Toda la energía la utilizamos para lograr cambios, cambios contundentes, como explicamos al comienzo de esta lección. Estos cambios se logran cuando estamos conectados con la *FUENTE.*

El cambio contundente mayor es enfocar la energía en la espiritualización de nuestra alma.

Cuando estudiamos las *Verdades Espirituales* nos estamos preparando para cuando llegue la experiencia mística, la cual es experimentar y permanecer en la Presencia Dios siempre. La energía que hemos acumulado la podemos esparcir enviando pensamientos de luz a nuestro alrededor y hacia el pensamiento colectivo. (***de Médico a Maestro*** pagina #78)

Luz, luz, luz, luz, luz

La enseñanza espiritual fundamental y básica del cristianismo son las bienaventuranzas, las cuales constituyen lo que podemos llamar, "*El Corazón del Cristianismo.*" Mateo 5:1-12

Jesús, antes de comenzar la enseñanza de las bienaventuranzas se dirige al estado de conciencia más elevado, "*el monte*". Subir al monte significa un estado de conciencia superior, elevado y espiritual.

Cuando *subimos al monte* hemos dado el paso más importante para pasar del plano de los sentidos al plano espiritual.

Actualmente la colina del Sermón del monte no tiene nombre, contrario a los montes que existen en Israel, que todos tienen sus nombres.

Así es que Jesús subió a Su monte y al hacerlo, pasó a un estado más elevado de conciencia, la conciencia espiritual. Rompió con la barrera que existía de la antigua manera de prohibir, los "no harás" de los mandamientos, a la nueva manera de bienaventurados y dichosos los pobres en espíritu, los que lloran, los mansos, los que tienen hambre y sed de justicia, los misericordiosos, los limpios de corazón, los pacificadores, los que padecen persecución.

Toda la enseñanza se encuentra explicada en la lección "*Corazón del Cristianismo*" en el libro: ***de Médico a Maestro***

Lo maravilloso no es solamente las promesas que nos hace Jesús en esta fundamental enseñanza para todo el que aspira alcanzar la conciencia Cristica, sino que finaliza revelándonos *lo que somos* realmente; **Seres de Luz**.

"*Vosotros sois **la luz** del mundo.*"

"*Así alumbre **vuestra luz** delante de los hombres.*"
Mateo 5:14,16

Jesús continúa revelándonos como llegar a ser hijos de luz.

"*Entre tanto que tenéis la **luz**, creed en la **luz**, para que seáis **hijos de luz.***" Juan 12:36

Luego, dando testimonio de El mismo, pues sabía de donde venía y a donde iba, afirmó categóricamente:

"***Yo soy la luz**, el que me sigue tendrá la luz.*"

Juan 8:12,14

Nos revela que El es Luz:

"***Yo, la luz**, he venido al mundo para que todo aquel que cree en mí no permanezca en tinieblas.*"

Juan 12:46

Las tinieblas son tanto internas como externas. Las externas son los miedos a las cosas externas; animales, insectos, lugares estrechos, un sinfín de cosas. Las tinieblas internas son los pensamientos incorrectos, las preocupaciones, los temores, el miedo a la muerte física, el miedo al fracaso, a las ideas preconcebidas, los prejuicios, hábitos de vida que nos duele abandonar.........

Al realizar lo que somos, seres espirituales viviendo esta experiencia de vida, no estaremos ni en tinieblas externas, ni internas. La luz entra a todo nuestro ser.

En la luz nos desenvolvemos en la Verdad y desaparecen las tinieblas, específicamente los temores y creencias erróneas. Soltamos, dejamos ir nuestra antigua manera de pensar.

La conciencia colectiva es lo que se conocía anteriormente como la conciencia de la raza. Significa toda la humanidad pensando a la vez, pensando con uno. Todos los pensamientos juntos son los pensamientos colectivos.

La experiencia de la luz se logra sin reglamentos ni ritos. Por eso fue que Jesús nos dijo: "¿No te he dicho que si crees verás la gloria de Dios?" Juan 11:40
Nos está diciendo que creer es el requisito para ser Seres de Luz y ver la gloria de Dios.

Alcanzamos la iluminación cuando logramos en conciencia, un estado elevado de unidad con la Inteligencia Universal. Un ejemplo de esto es cuando Jesús sube al monte Hermón, el más alto de Israel. Sube a ese monte acompañado por Pedro (la Fe), Juan (el amor) y Santiago (la sabiduría). Estaba rebosante de poder y energía radiante y en ese estado, se lleva a cabo la transfiguración. Lucas 9:28-35

Se describe que la luz irradió de El y a Su alrededor. La apariencia del rostro de Jesús se hizo otra, su vestido se hizo blanco y resplandeciente. En el estado de luz, lo aparente, lo externo, lo visible, se hace invisible, sublime y puro. Nos liberamos de toda contaminación de la apariencia y nos cubrimos en una nube celestial omnipotente, omnisciente y omnipresente.

En ese estado elevado de unidad con la Inteligencia Universal, alcanzamos la iluminación, la Luz.

En ese estado de luz, escuchamos con el corazón la voz celestial: ***"a él oíd"*** Lucas 9:35

Nosotros vamos al monte de la transfiguración cuando avivamos nuestras facultades espirituales, específicamente la Fe (Pedro), el amor (Juan) y la sabiduría (Santiago). Tal como nuestro maestro espiritual, Jesús, que en el momento de la transfiguración representaba al Cristo, nosotros también somos levantados espiritualmente.

Cuando logramos fluir en la luz, hemos conseguido hacer lo que Jesús hacía. *"Lo que yo hago vosotros también lo podéis hacer."*

Juan 14:12

Es un levantamiento a la luz. Lo inferior en nosotros lo vamos a armonizar con nuestros patrones espirituales. *Ese levantamiento a la luz es lo que llamamos redención. Significa,* levantamiento de una conciencia inferior a una superior. Es un proceso que hay que llevarlo a cabo aquí y ahora.

Pablo lo expresa con estas palabras, "*Pues es necesario que esto corruptible se vista de incorrupción.*" 1 Corintios 15:53

Las puertas de la luz se abren y entramos a través de ellas, convirtiéndonos en seres de luz.

En luz nos hacemos uno con la totalidad, a quién Jesús llamó, el Padre. El Padre y el hijo son uno: "*El Padre y Yo uno somos.*" El hijo siempre existe en Dios y el hijo de Dios es nuestro verdadero ser espiritual.

Como hijos de Dios somos guiados por la Inteligencia Universal en cada uno de nosotros.

La luz nos lleva a lugares que nunca hemos soñado.

En esa conciencia, grandes y maravillosas cosas se manifiestan, tales como abundancia de bien, sanación y conexión continua con la Inteligencia Universal.

Las expresiones y manifestaciones nuestras se deben a que ejercitamos nuestro cuerpo espiritual,(espíritu y alma) a través de la oración y la meditación. Esta práctica constante hace que generemos mucha luz.

En la transfiguración Jesús demostró que El era un ser de luz. Realizó un cambio para mostrar Su gloria.

En el estado de conciencia de luz lo que vemos, sentimos y escuchamos es *la gloria.*

La gloria es la comprensión de la unidad con la Inteligencia Universal, es la fusión de nuestra mente con la Mente Dios. Es el estado espiritual más alto en conciencia que nosotros podemos alcanzar.

En ese estado de conciencia lo que vemos, oímos y expresamos en nuestras vidas, es alegría, gozo, paz, y amor.

Al finalizar las Bienaventuranzas, Jesús aprovecha para dejarnos bien claro que somos luz y que somos la luz del Mundo. Mateo 5:14-16

Ser luz es lograr nuestra transformación. Es dar el *salto* desde un estado de conciencia inferior hacia otro superior.

Somos un nuevo hombre/mujer, somos luz del mundo.

La transformación nos cambia a nosotros y al nosotros cambiar, transformamos nuestra vida y la de los demás.

El apóstol Pablo nos enseñó en 1Corintios 15:40-45, lo relacionado al cuerpo terrenal y al cuerpo celestial o espiritual.

El cuerpo de luz es el que es eterno, es radiante y es el que permanece. Ese cuerpo de luz es el que ilumina nuestra alma cuando ha completado el proceso de espiritualización. Nuestro cuerpo celestial es un cuerpo de luz.

Nuestra transformación se completa con la unificación de nuestra alma y nuestro espíritu, haciéndose uno en y con Dios. Lo incompleto se ha hecho completo. En lo Absoluto somos parte unificada de la totalidad, de la Inteligencia Universal. Hemos trascendido de lo relativo a lo Absoluto, logrando la vida eterna aquí y ahora, viviendo en conciencia Dios, eternamente.

No hay camino de regreso, pues estamos en el fluir de luz.

En la luz hacemos lo que vinimos a hacer, ser co-creadores con Dios, dar frutos, vivir la vida Dios aquí y ahora.

Ponemos atención en lo bello, en lo bueno y lo glorioso. Estamos al lado de gente que ve el bien y atraemos el bien en todos nuestros asuntos.

Al entrar en la luz estamos entrando en un territorio que antes no conocíamos. En ese territorio caminamos ***de Corazón a Corazón*** con Jesús, que nos asegura que: "*Donde quiera que estamos, Tierra Santa es.*" Éxodo 3:5 Tierra Santa significa ciudad de paz.

La luz es recordar las palabras del Maestro "*Mi paz os dejo mi paz os doy.*" Juan 14:27

La paz, el gozo y la alegría las mantienes todo el tiempo cuando estás en la luz. Es un regalo de Dios.

Yo no soy el cuerpo, mi cuerpo es el vehículo que me transporta. Yo soy lo eterno, mi espíritu y mi alma. Por lo tanto, no soy mi personalidad, soy mi individualidad.

Las preguntas que nos hacemos son, ¿cuáles son los anhelos y los deseos de nuestro corazón? ¿Son físicos o son espirituales?

Si son espirituales, nuestros deseos son eternos, son los deseos que permanecerán por siempre, más allá de nuestra existencia física. La Biblia dice que estaban antes que nosotros y antes de que el mundo fuese.

Nuestra mente, en su más elevada actividad, está compuesta de ideas espirituales. Esto es así porque somos seres de luz en el fluir de la Inteligencia Universal.

Si ponemos nuestra atención a las palabras "*dejar que vuestra luz alumbre delante de los hombres*", hemos dado un *salto cuántico*. Si además meditamos en las palabras "*vosotros sois hijos de Luz*", entonces hemos llegado a reconocer lo que verdaderamente somos.

Nosotros, como seres de luz, irradiamos al mundo ideas, palabras, sentimientos y acciones. Toda mente receptiva las recibe.

El espíritu se manifiesta cuando estamos en equilibrio, en conexión, paz, armonía y amor. Así es que podemos diseminar nuestra energía y luz a nosotros y a los demás. *Para lograrlo hay que estudiar las verdades espirituales, las leyes universales y persistir en su uso y practicarlas por medio del avivamiento de nuestra conciencia.*

La Inteligencia Universal activa la Inteligencia del corazón y se expresa a través de nosotros. *Este fluir es dinámico y continuo*. Nada lo interrumpe, solamente necesitamos conectar nuestro corazón con su fluir.

La Inteligencia Universal es el TODO, es como un gran océano, del cual la Inteligencia del corazón, es parte del TODO.

Nuestro **Corazón** es "*el lugar secreto*", el aposento donde dirigimos nuestra atención para entrar en la luz. Fue a ese lugar que fuimos enviados por el maestro Jesús para poder lograr una relación sublime con la Presencia Universal.

El pensamiento correcto nos conecta con la Inteligencia Universal y nuestro corazón se hace receptivo a su fluir.

La energía que vamos a expresar es ilimitada, su fuente es inagotable, En esta actividad no hay manera de dispersar, ni de malgastar la energía. Ya estamos seguros que vivimos, nos movemos y estamos en el fluir del bien.

Ya estamos conscientes que la Inteligencia Universal sabe las cosas que necesitamos y las que anhelamos. *La conexión hace que la energía fluya a todo nuestro ser y a los que nos rodean.*

No tenemos que conocer la ley para que ella funcione, la ley es y por lo tanto, cuando estás en la luz, estás fluyendo en la ley de abundante provisión y en todas las leyes universales que has estudiado en el libro: ***de Médico a Maestro***.

Cuando estamos en la luz nos hemos conectado y armonizado con la Inteligencia del Corazón y entonces su energía fluye a nosotros de acuerdo con la ley de que los iguales se atraen. Ya no tenemos que suplicar, ni rogar por lo que deseamos, solamente nos aquietamos, nos relajamos y dirigimos nuestro pensamiento a nuestro corazón para establecer la conexión, **en el silencio.** *Esta es la más elevada forma de hacerlo para que la Inteligencia Universal omnipresente conteste, aun antes que hayamos expresado nuestros deseos.*

Los hijos de Luz son los que han aprendido a fluir en la Inteligencia Universal. Saben que Su bien está siempre con ellos y con los demás. En esa conciencia no tenemos que esforzarnos, no hay resistencia, es un constante fluir de energía y luz divina.

"***Dios es Luz.***" 1 Juan 1:5

Cuando se realiza que somos seres de Luz hemos trascendido la verdad relativa y a nosotros mismos. *Como seres de Luz, los patrones espirituales nuestros están avivados siempre y las ideas divinas que los constituyen, impregnan todo nuestro ser.*

Vivimos la verdad en todo su esplendor, en conciencia de confianza en la eternidad. Vamos a recibir verdades nuevas de todos los campos del saber. *Nuestro corazón va a estar atento a los conceptos más elevados que puedan existir. El Espíritu de Verdad nos guiará a toda la Verdad. Conoceremos la Verdad tal como nos lo dijo Jesús.*

En el estado de luz no hay barreras, obstáculos, ni murallas. La luz penetra las profundidades de nuestra mente subconsciente y la alumbra en su totalidad. En luz, el trabajo de transformación ya ha sido realizado.

Como hijos de Luz nuestra comprensión de la Verdad es absoluta. La apariencia no tiene cabida en nuestra conciencia, nos liberamos del confinamiento de la forma tridimensional.

Ya no vivimos en conciencia de los sentidos, de lo que el mundo nos ofrece. Estamos conectados en conciencia a lo que nos ofrece la Inteligencia Universal, Dios.

Nos hemos liberado de los estrechos límites de la materia. Entramos a otra morada más elevada de la casa. "*En la casa de mi Padre muchas moradas hay.*" Juan 14:2.

Hemos logrado el nuevo nacimiento

"Hijos de Luz" Juan 12:36

www.ingramcontent.com/pod-product-compliance
Lightning Source LLC
LaVergne TN
LVHW091156080426
835509LV00006B/718
* 9 7 8 0 9 8 2 5 9 4 3 4 6 *